Color Sweet Animals
By Jane Maday

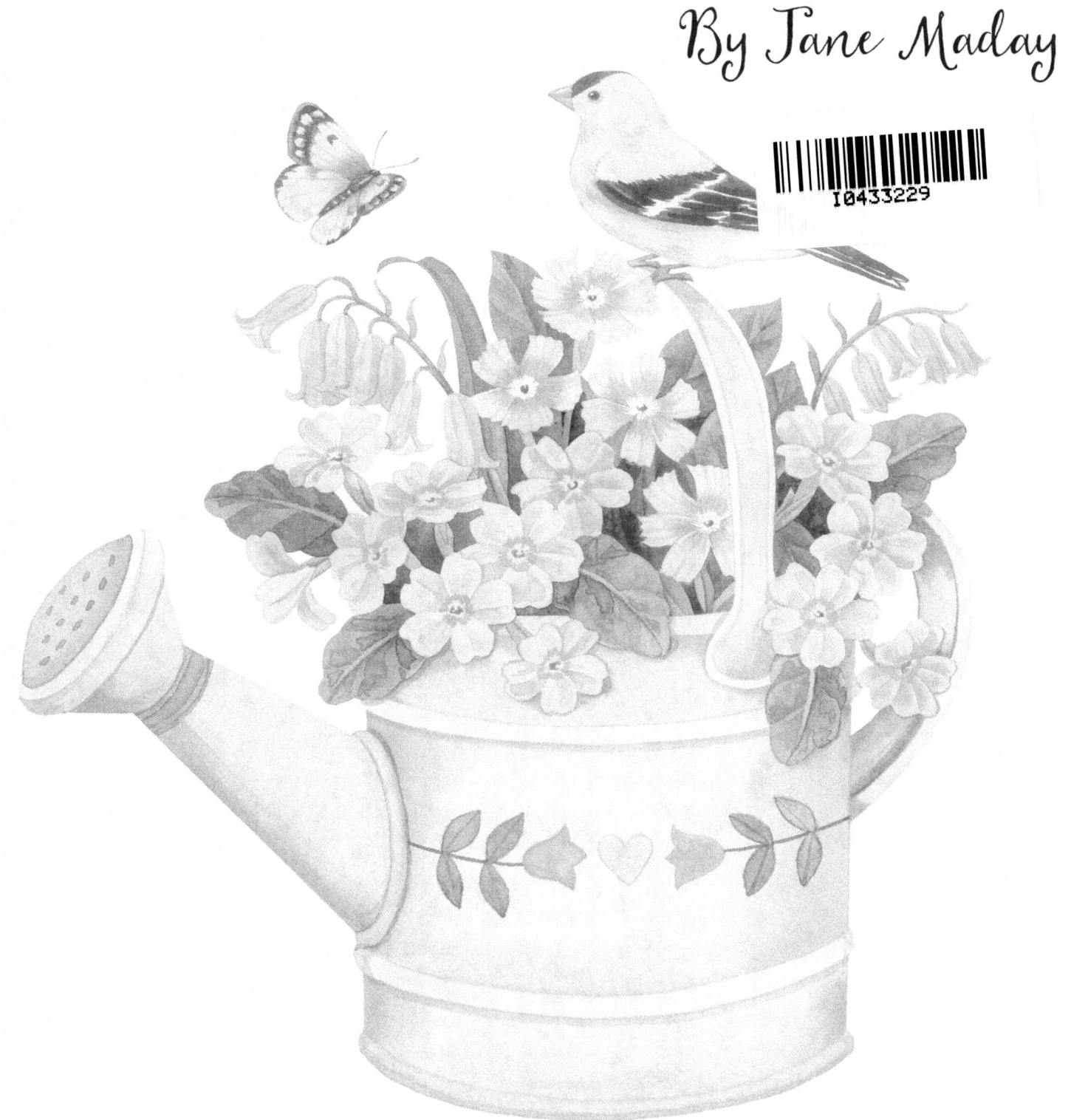

A Grayscale Coloring Book

Color Sweet Animals

By Jane Maday

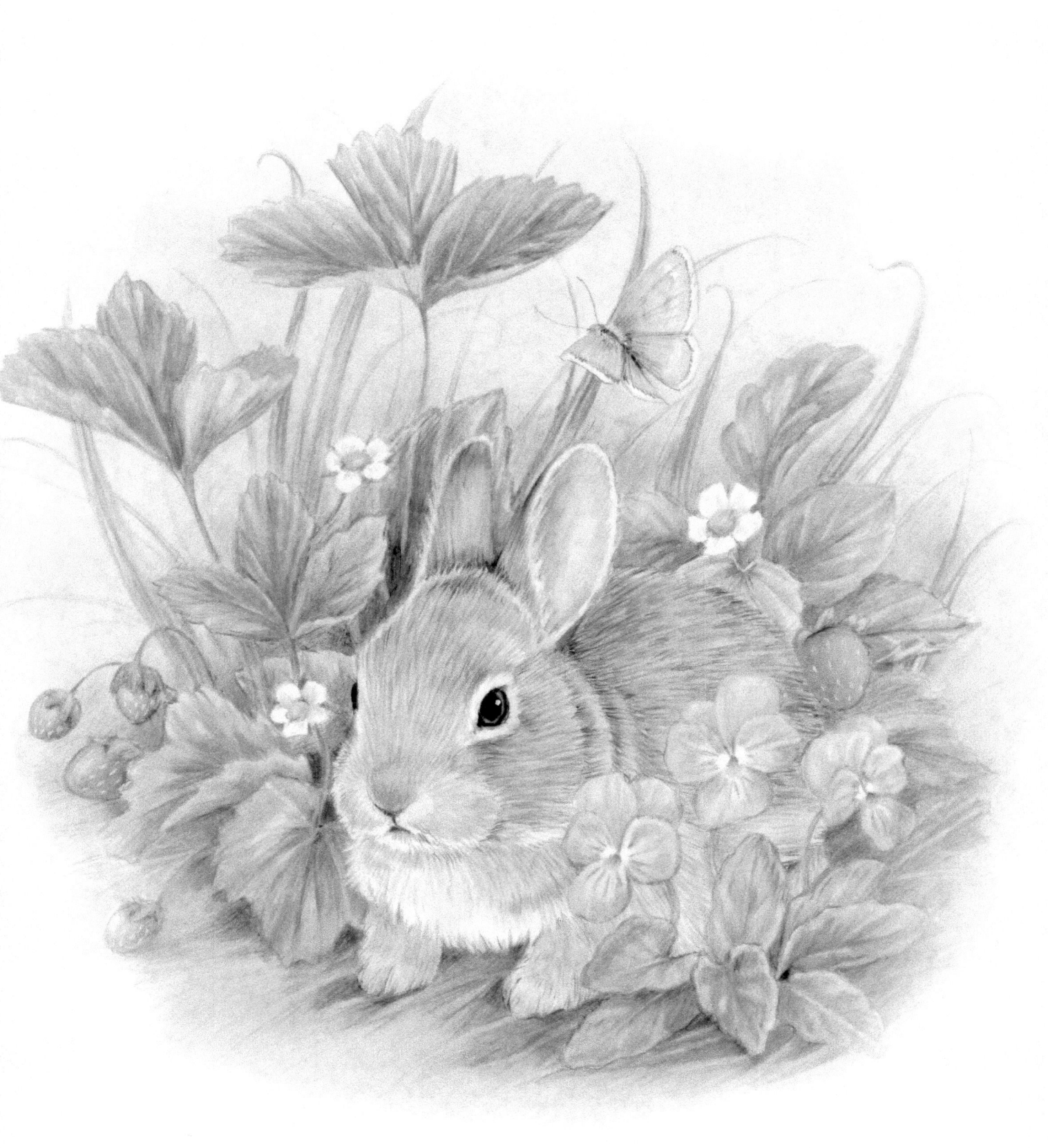

Color Sweet Animals

By Jane Maday

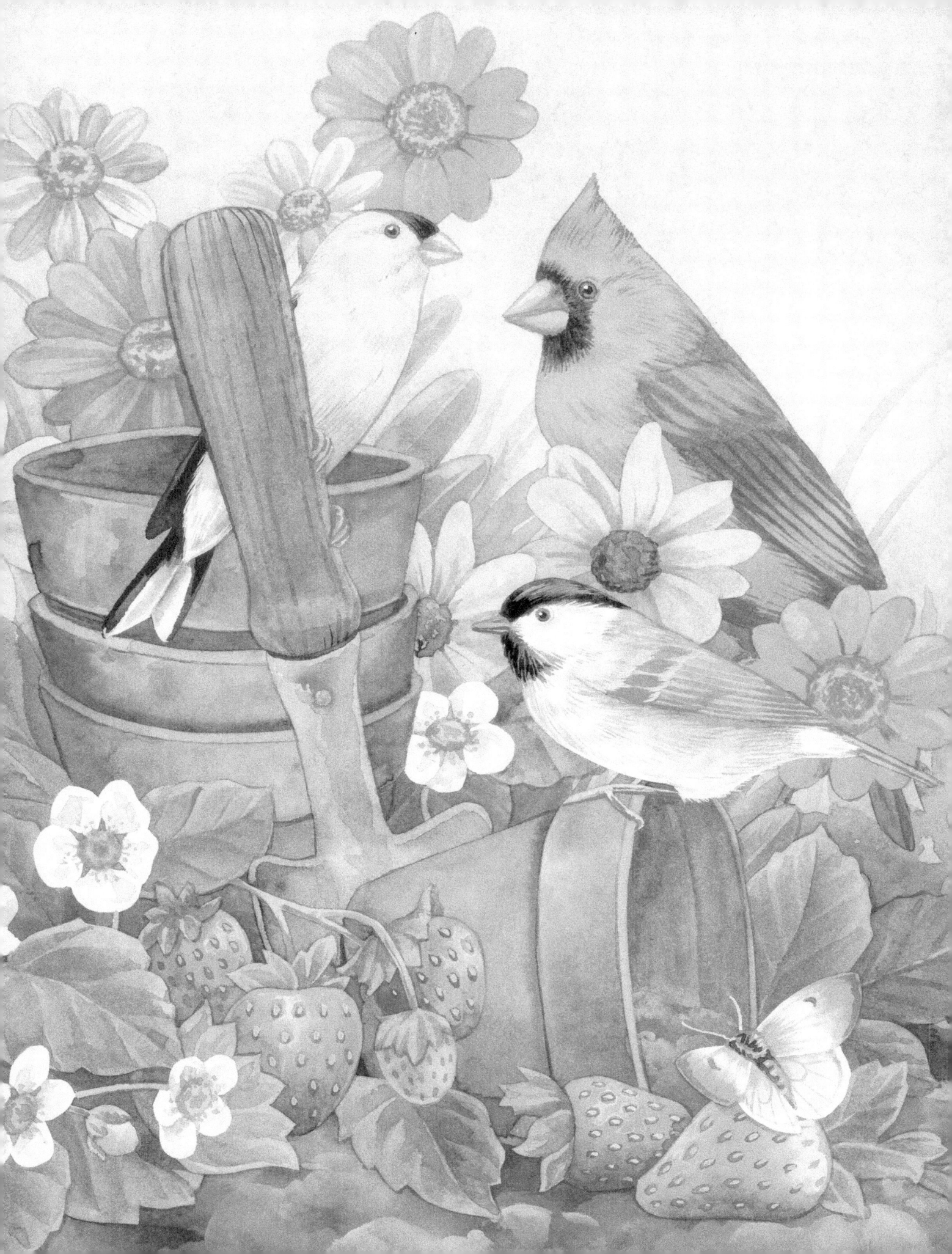

Color Sweet Animals

By Jane Maday

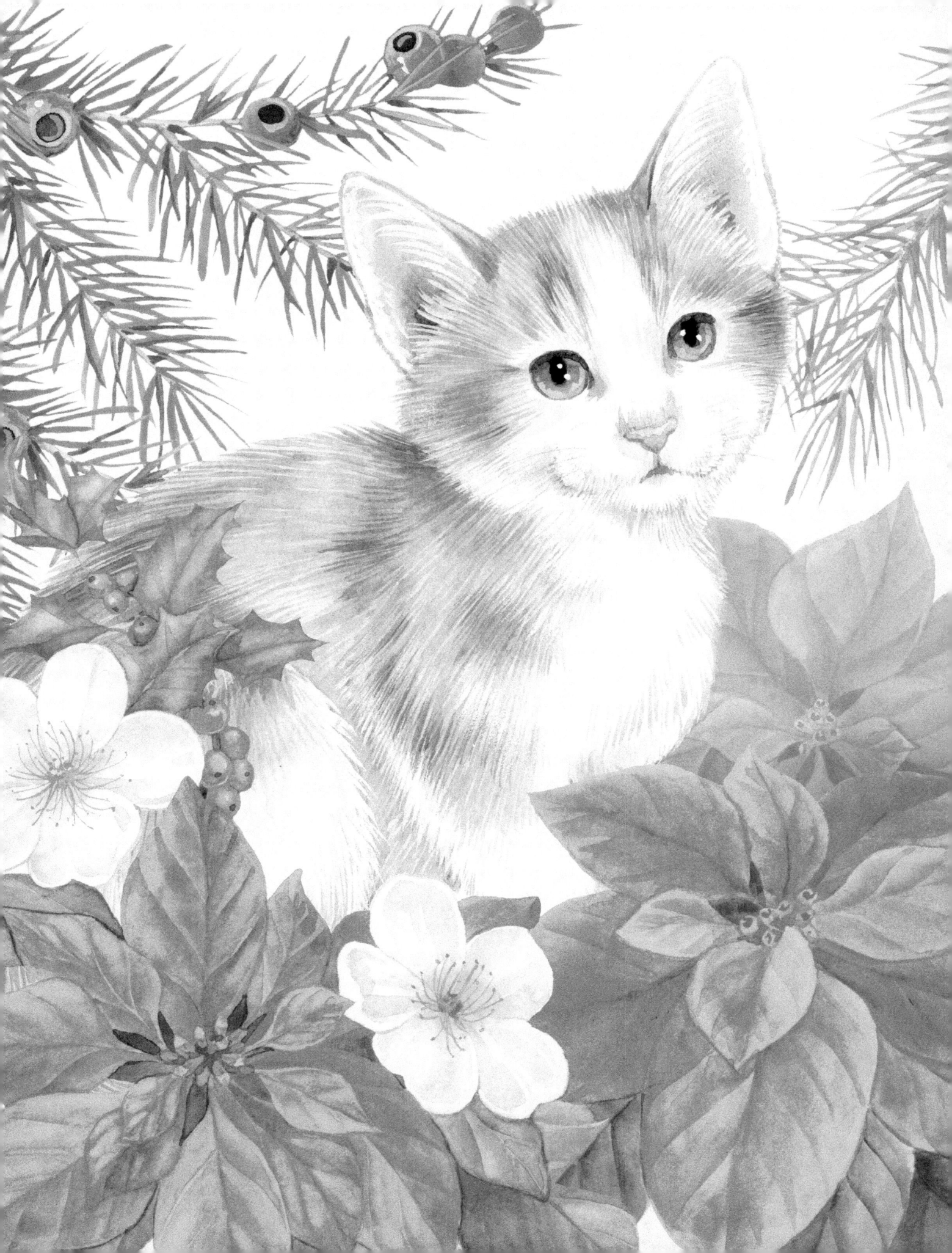

Color Sweet Animals

By Jane Maday

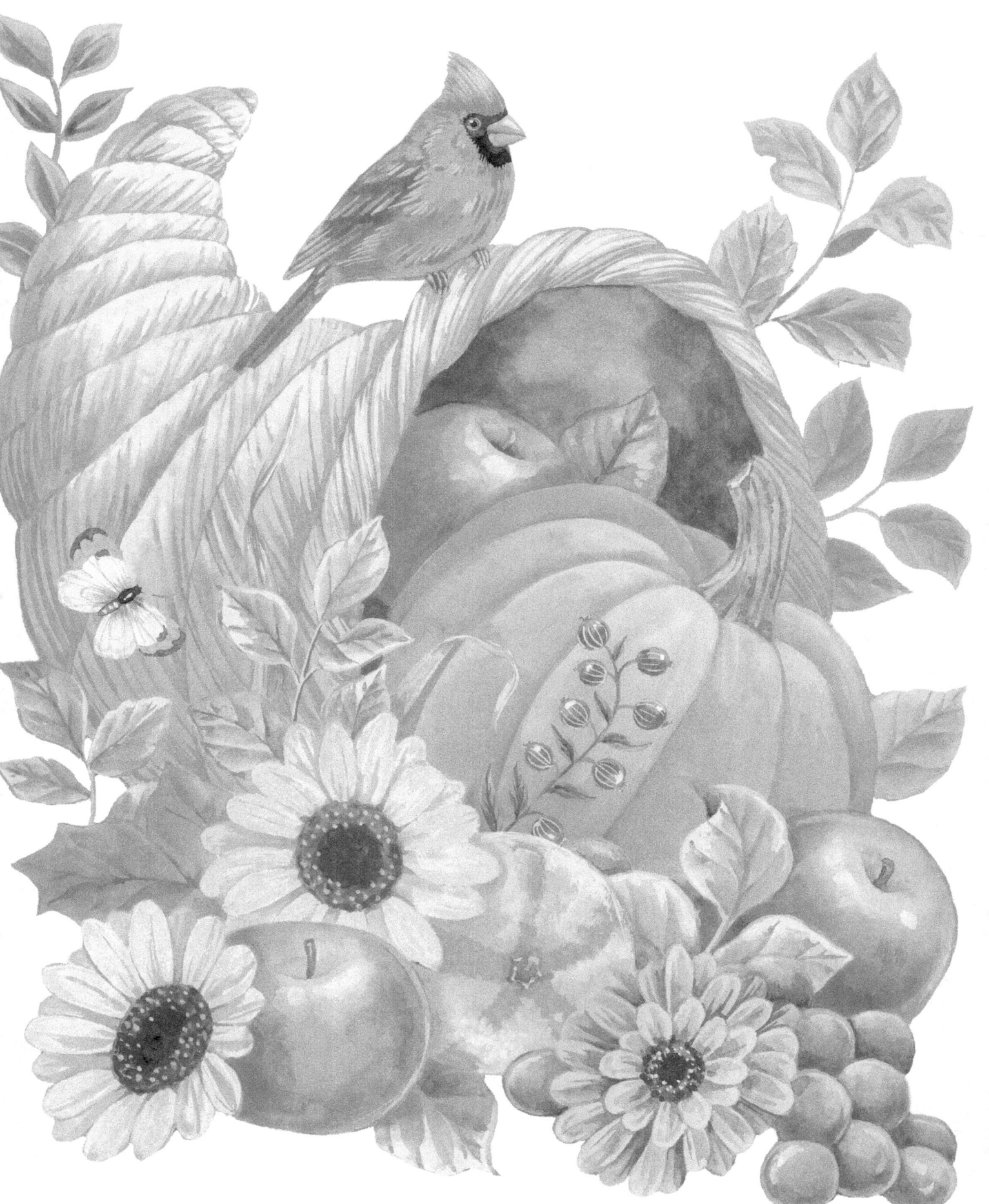

Color Sweet Animals

By Jane Maday

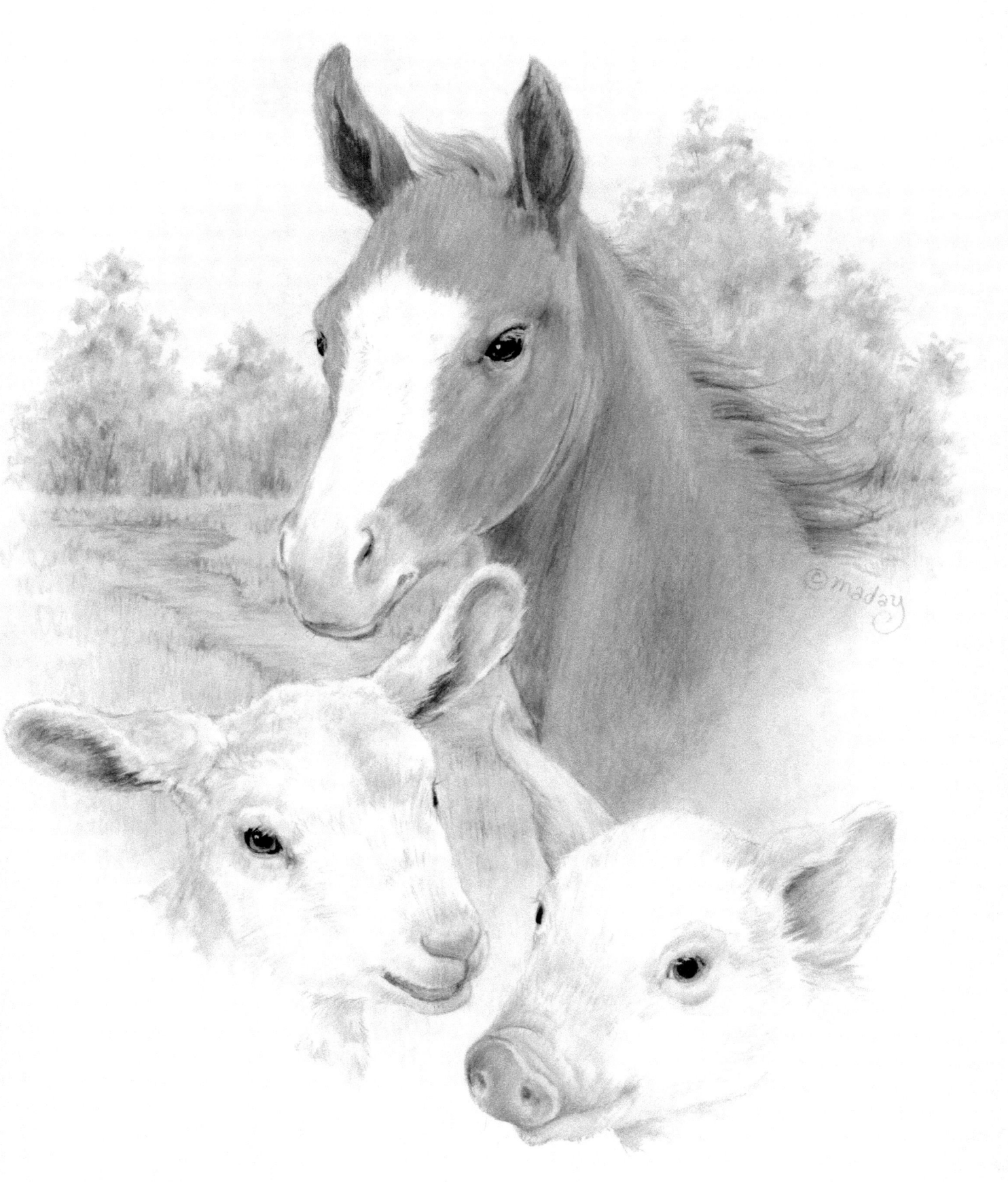

Color Sweet Animals

By Jane Maday

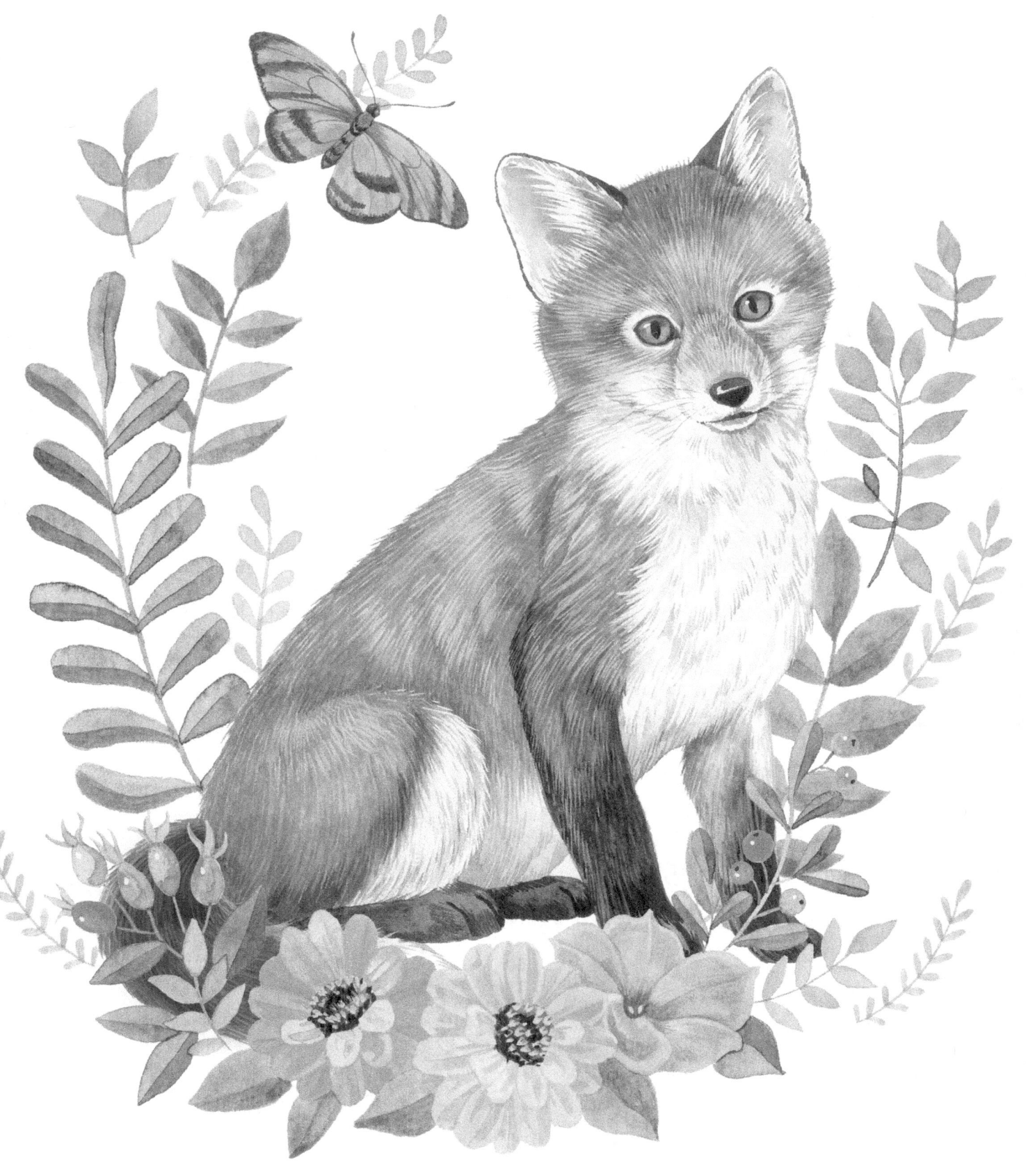

Color Sweet Animals

By Jane Maday

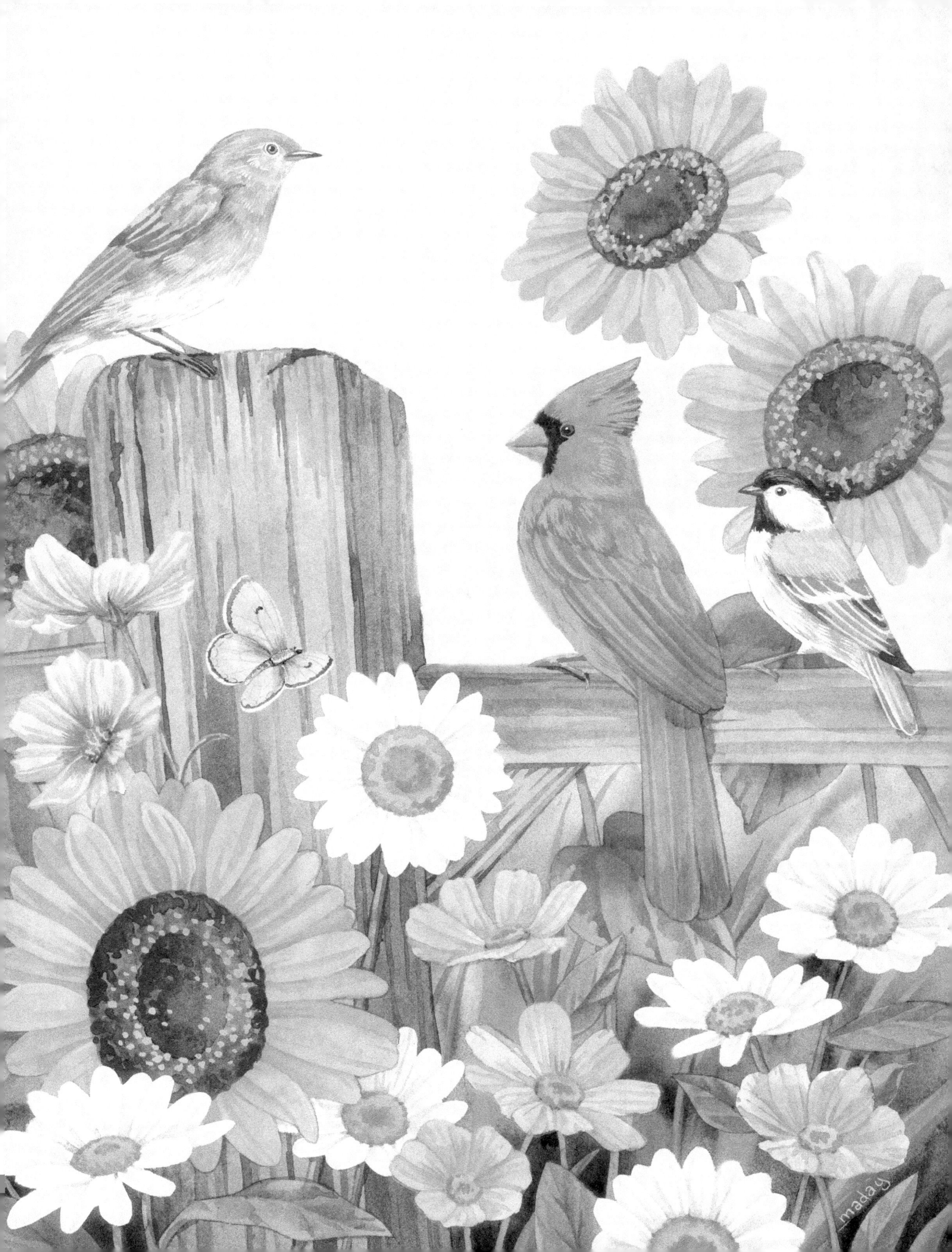

Color Sweet Animals

By Jane Maday

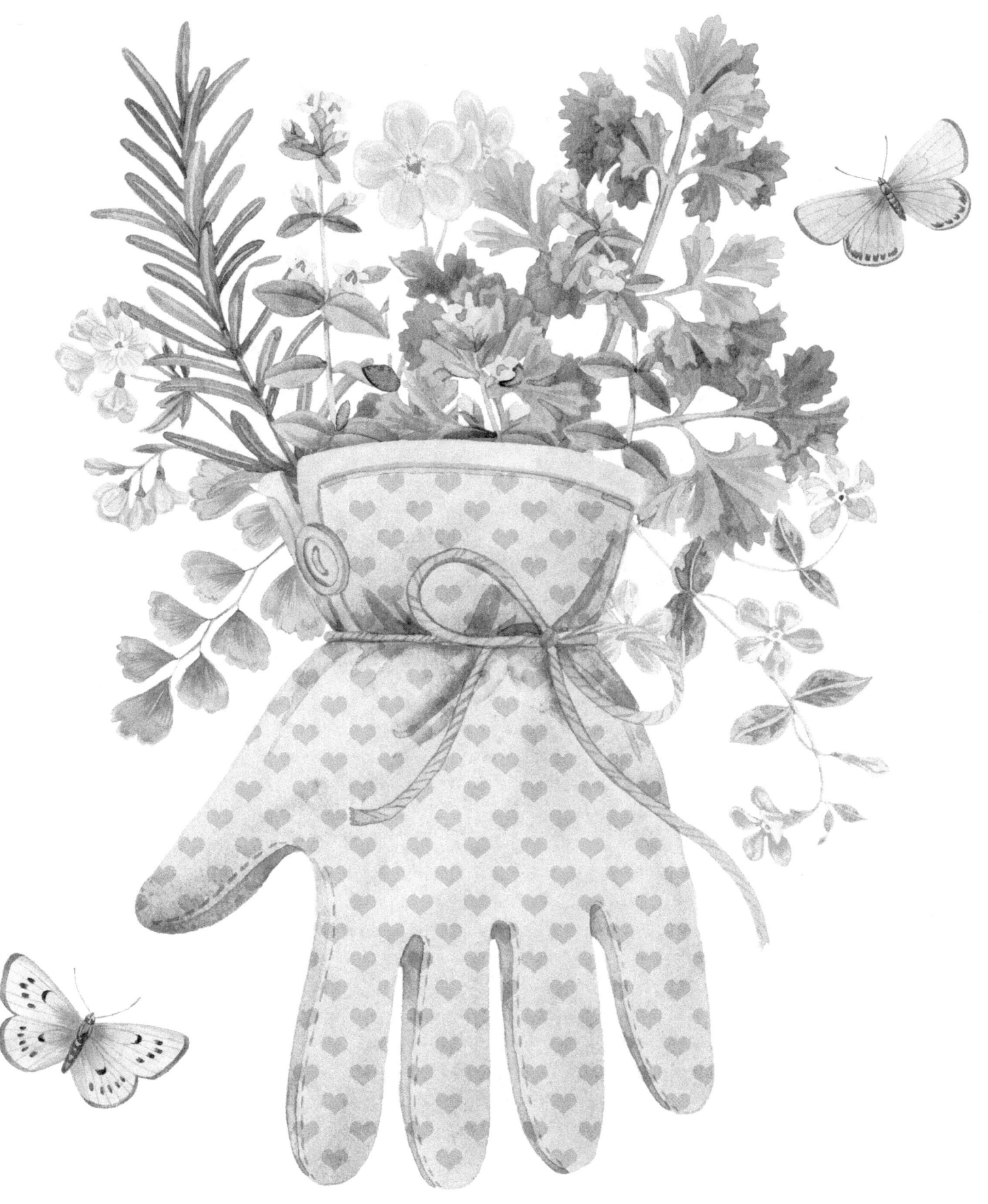

Color Sweet Animals

By Jane Maday

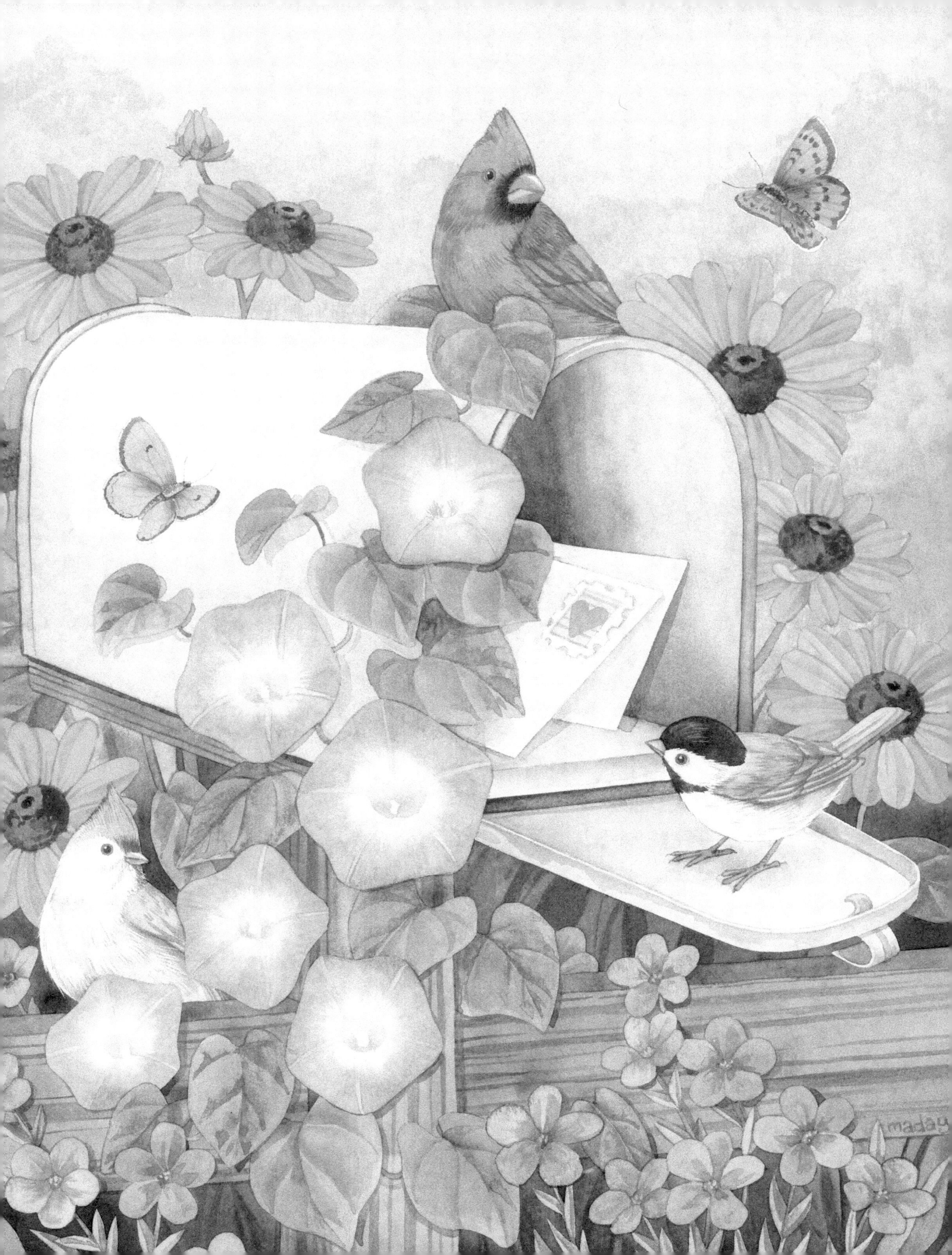

Color Sweet Animals

By Jane Maday

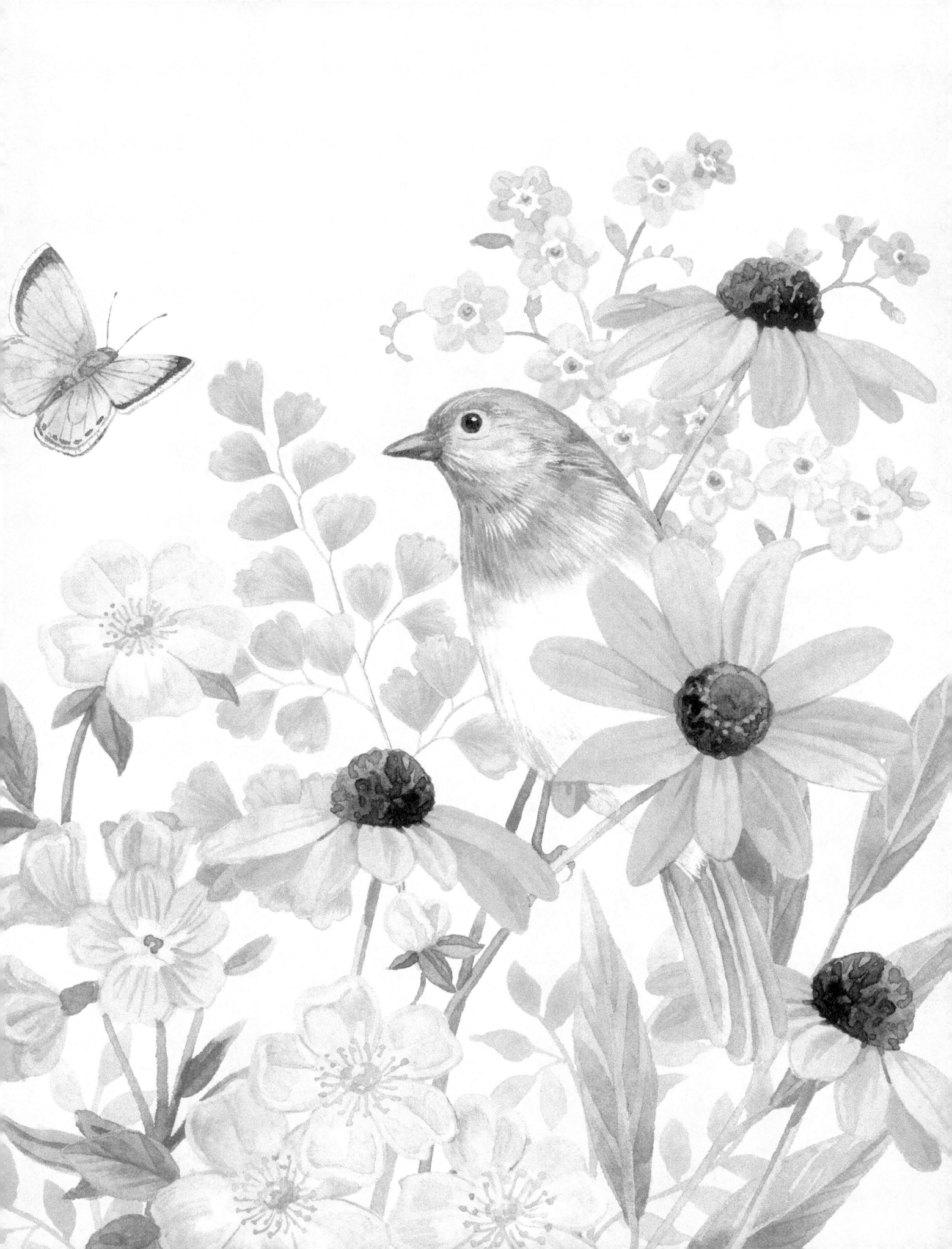

Color Sweet Animals

By Jane Maday

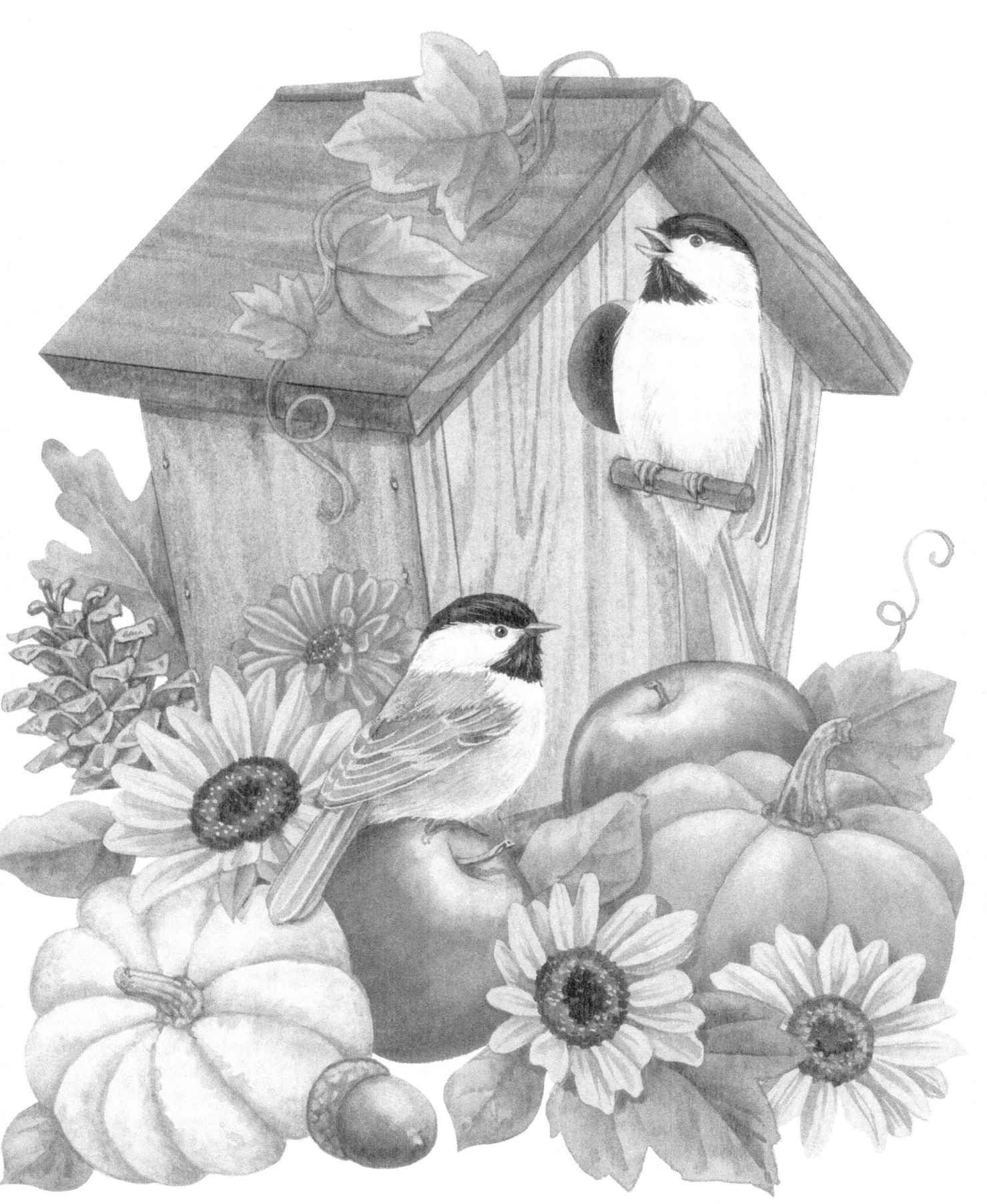

Color Sweet Animals

By Jane Maday

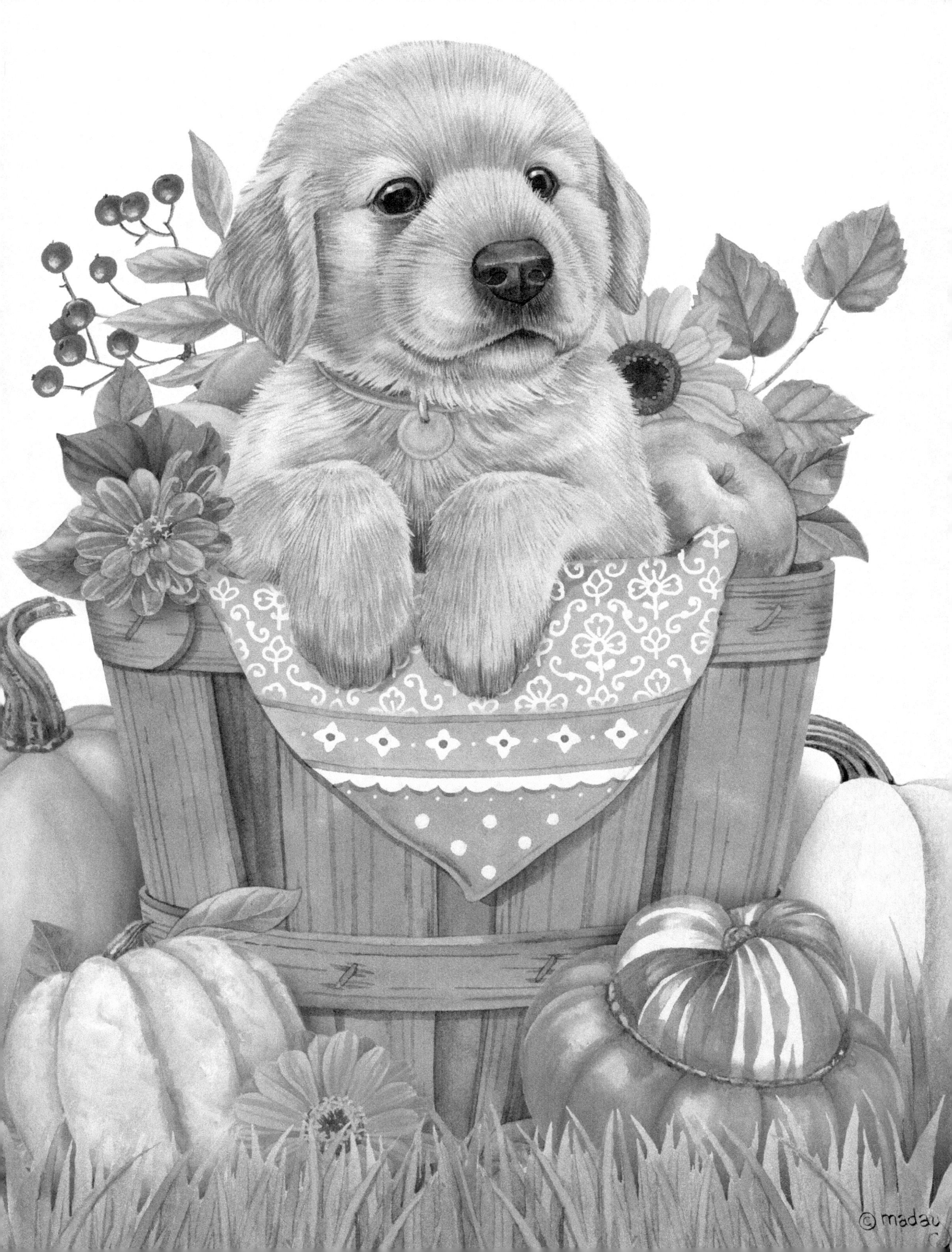

Color Sweet Animals

By Jane Maday

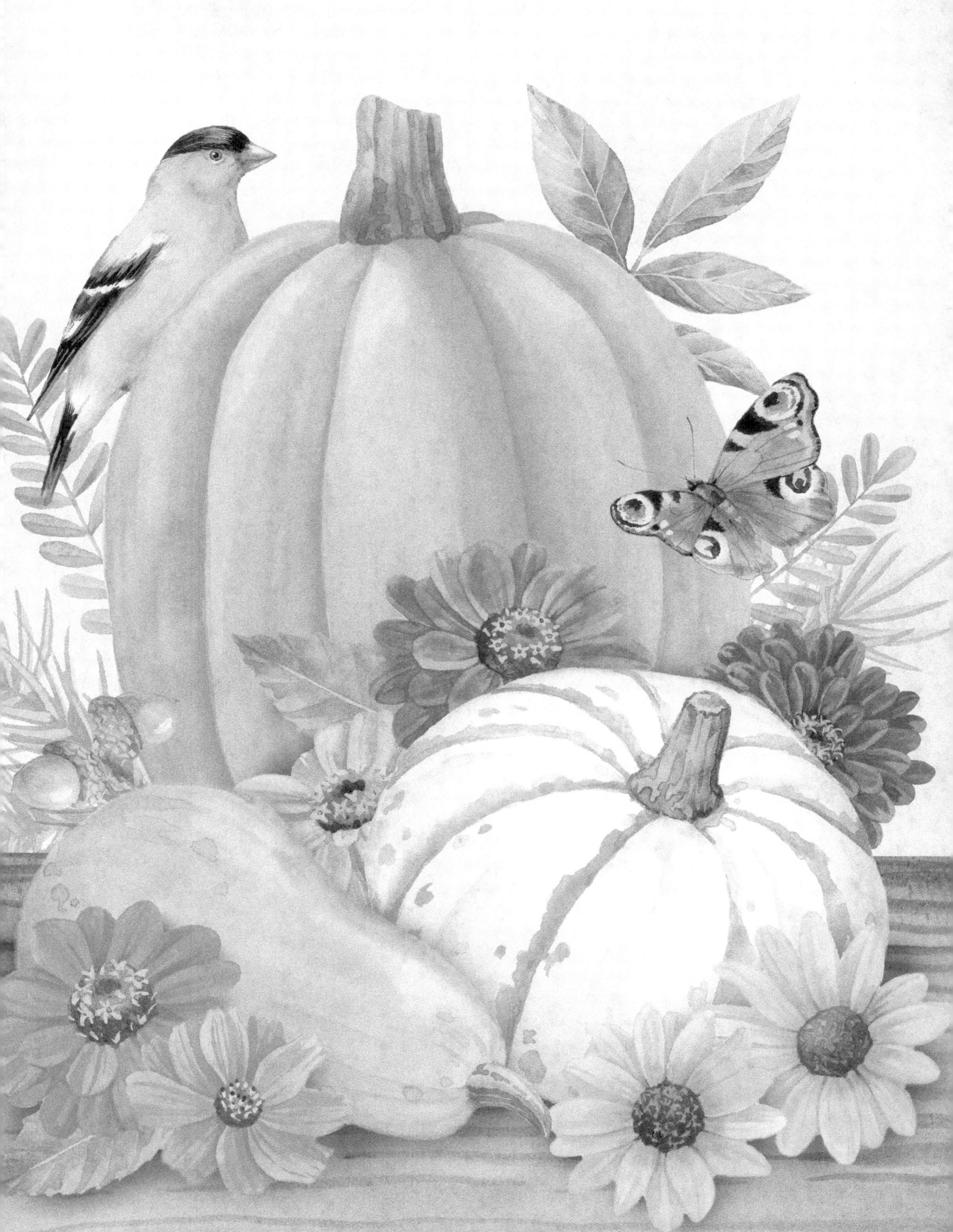

Color Sweet Animals

By Jane Maday

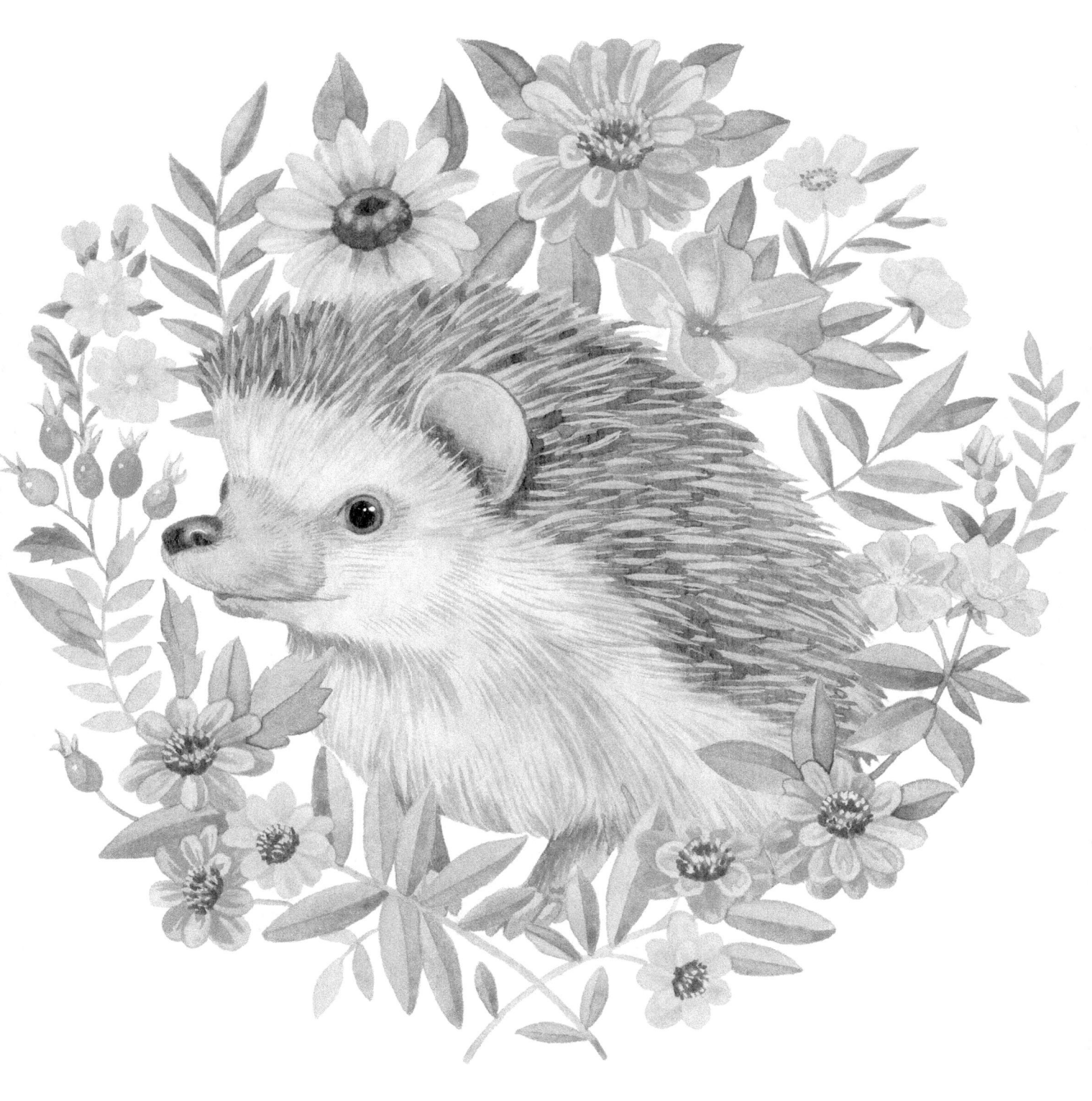

Color Sweet Animals

By Jane Maday

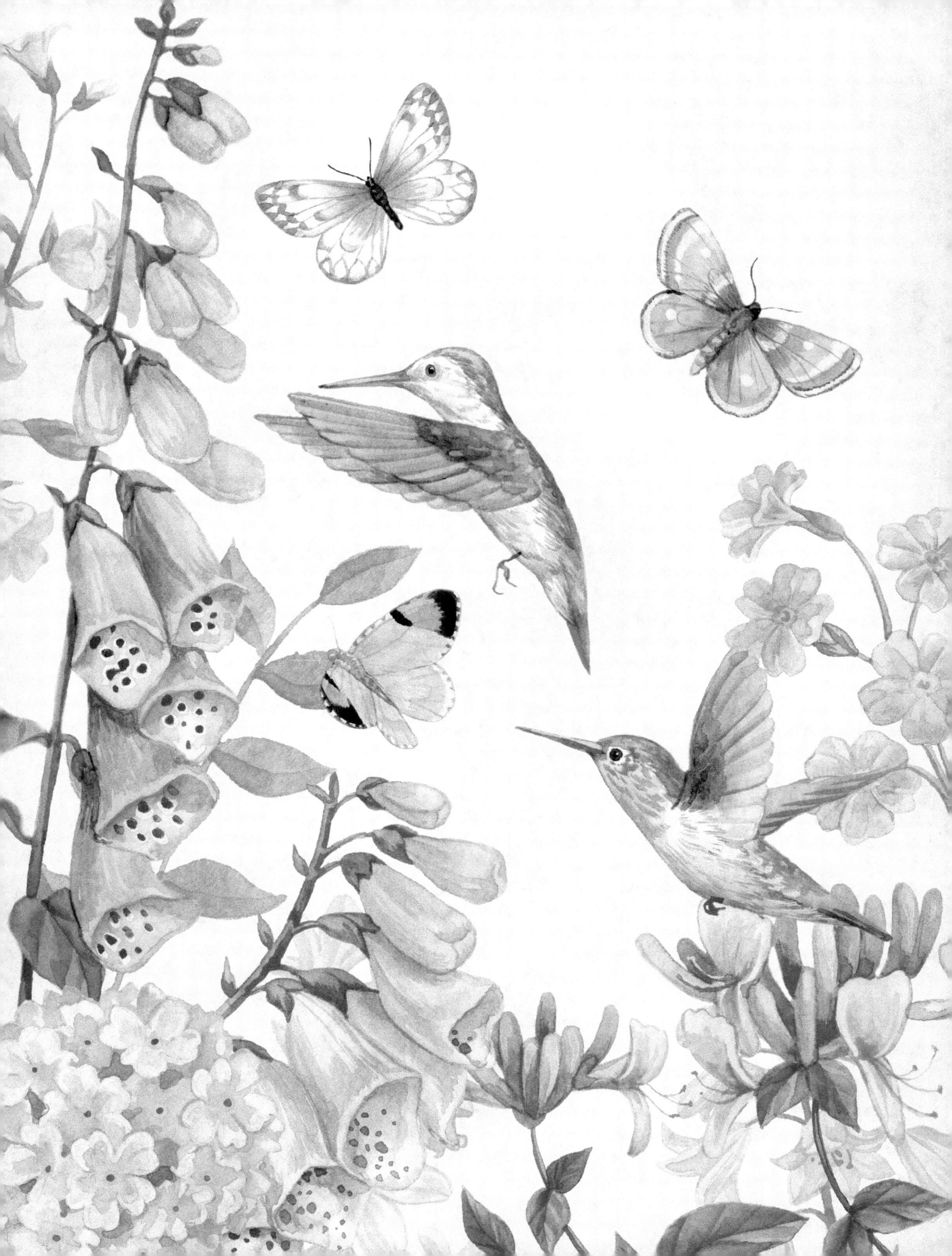

Color Sweet Animals

By Jane Maday

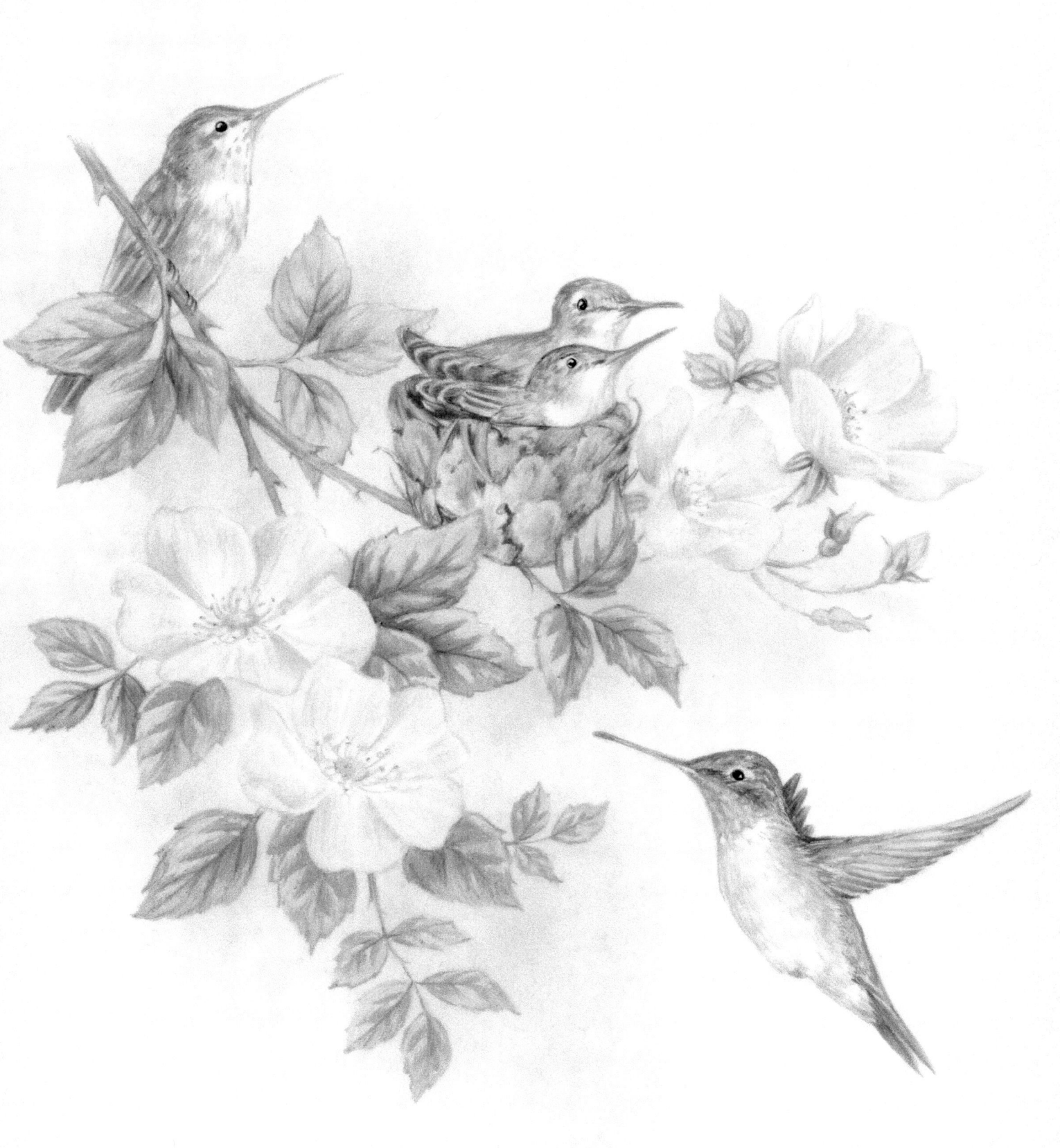

Color Sweet Animals

By Jane Maday

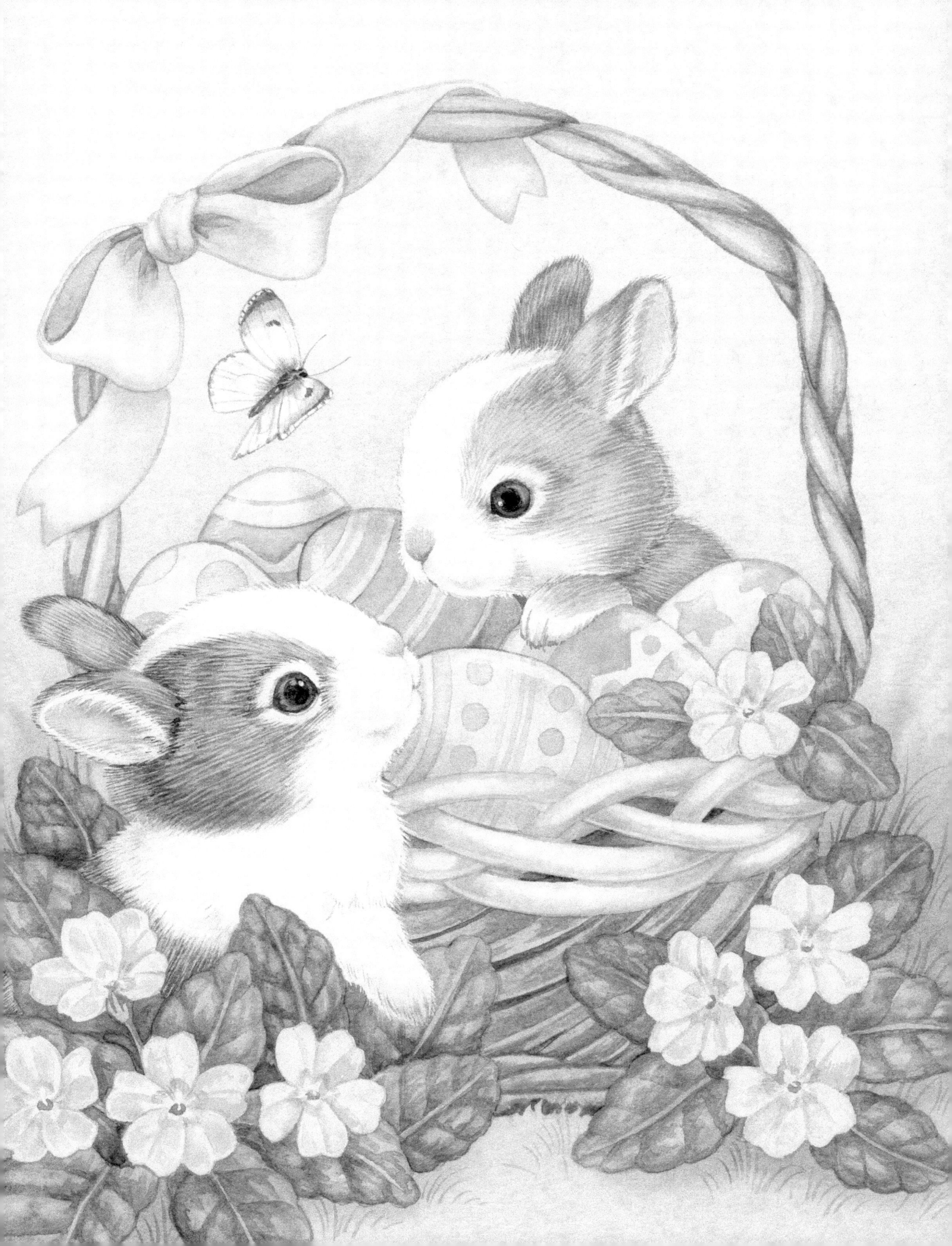

Color Sweet Animals

By Jane Maday

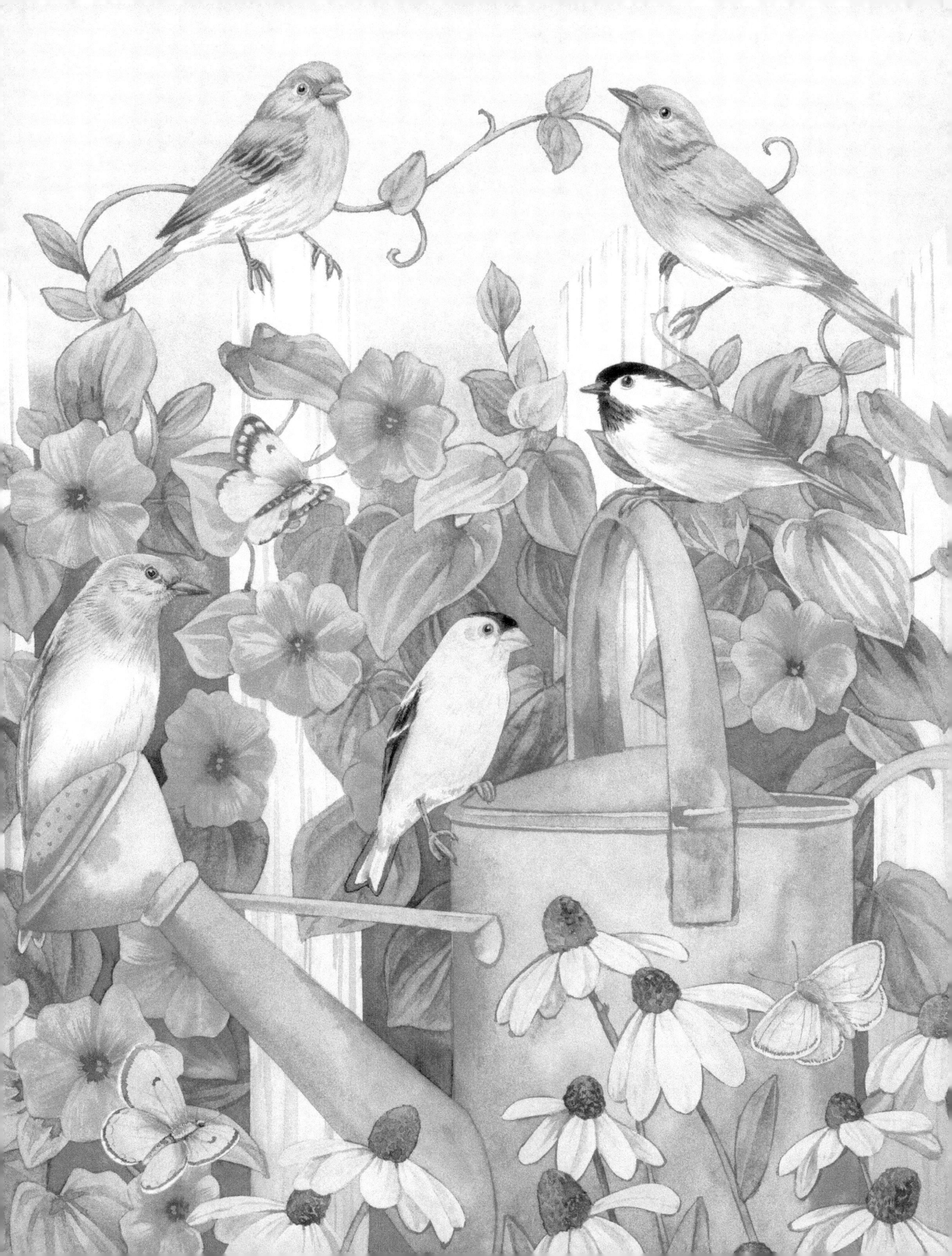

Color Sweet Animals

By Jane Maday

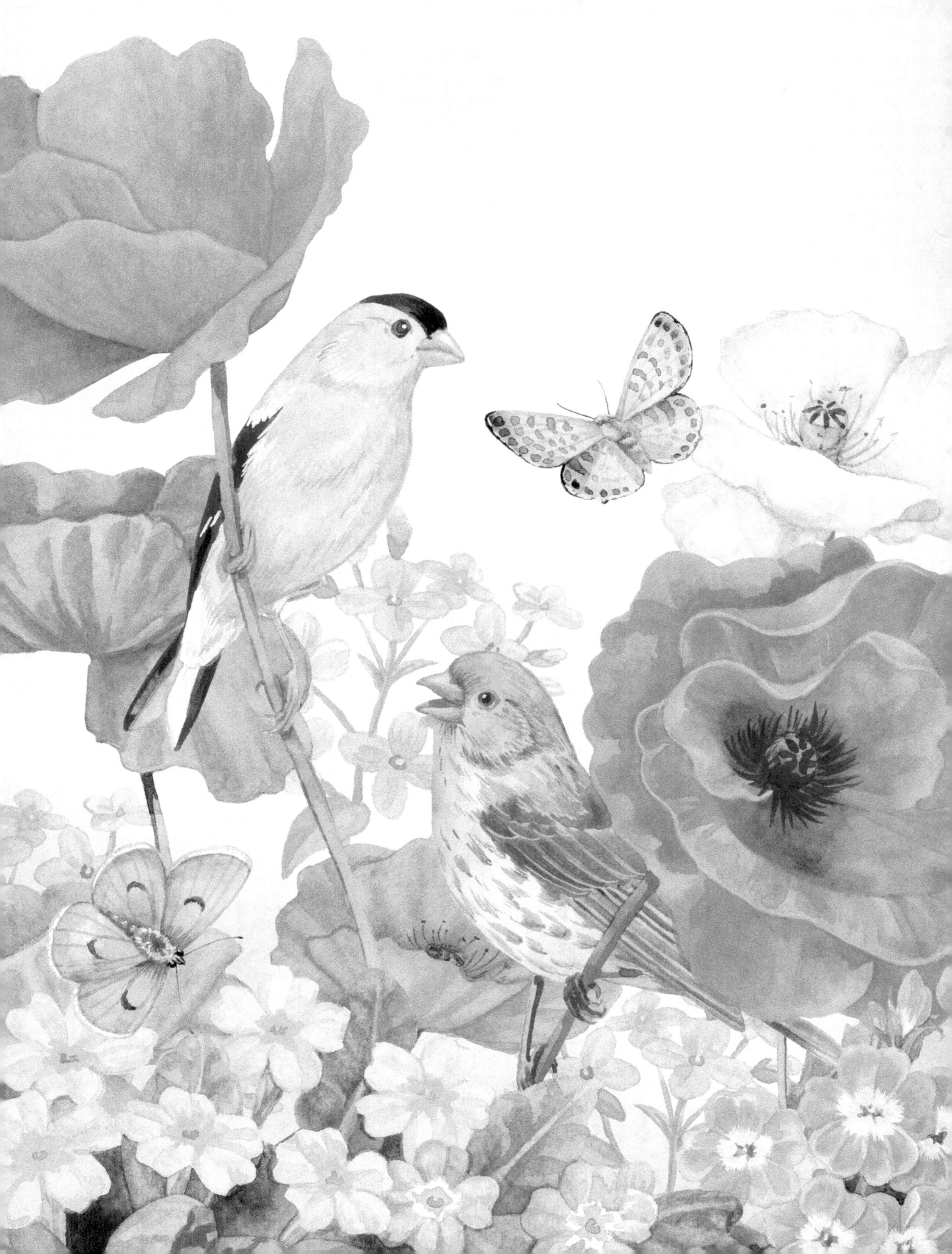

Color Sweet Animals

By Jane Maday

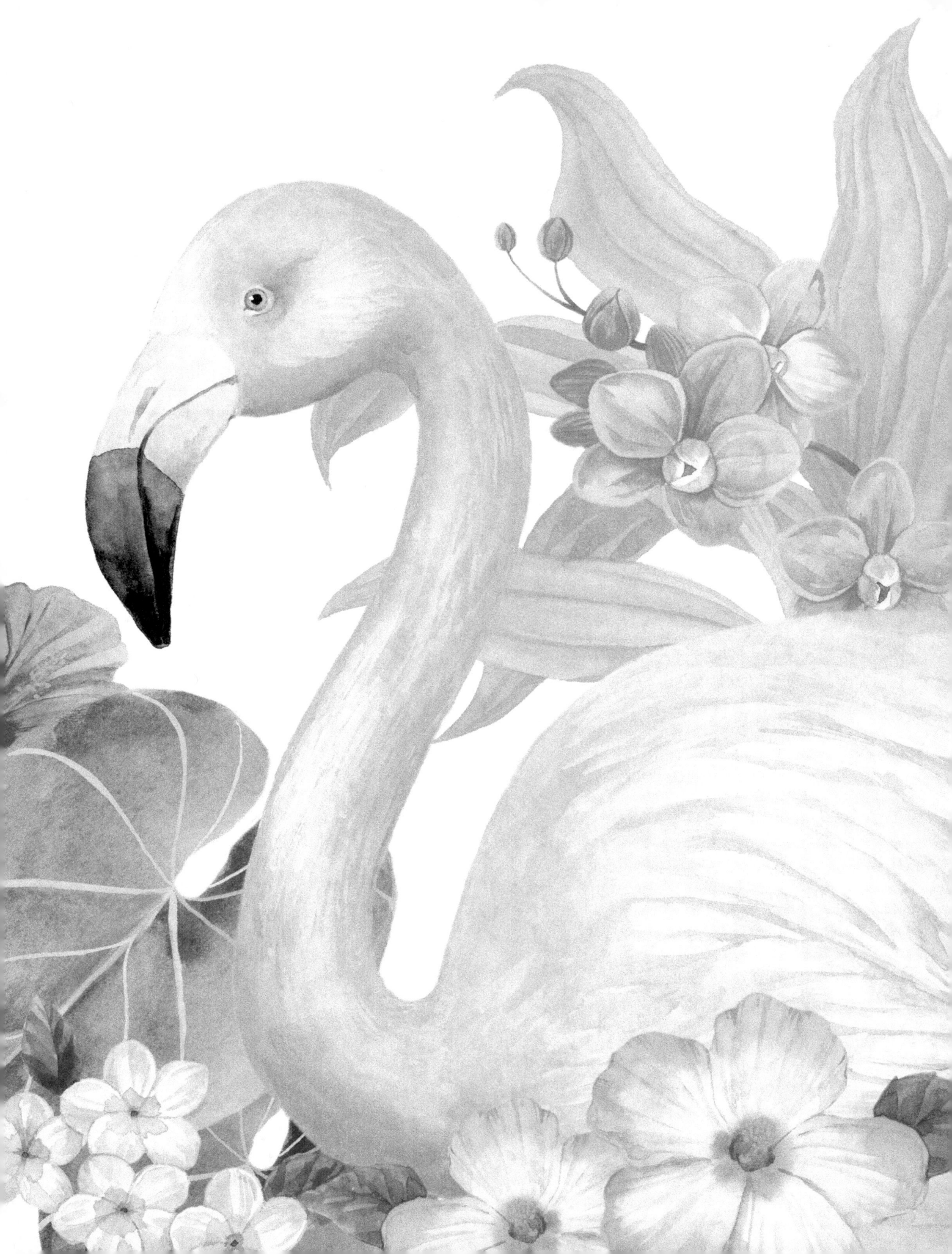

Color Sweet Animals

By Jane Maday

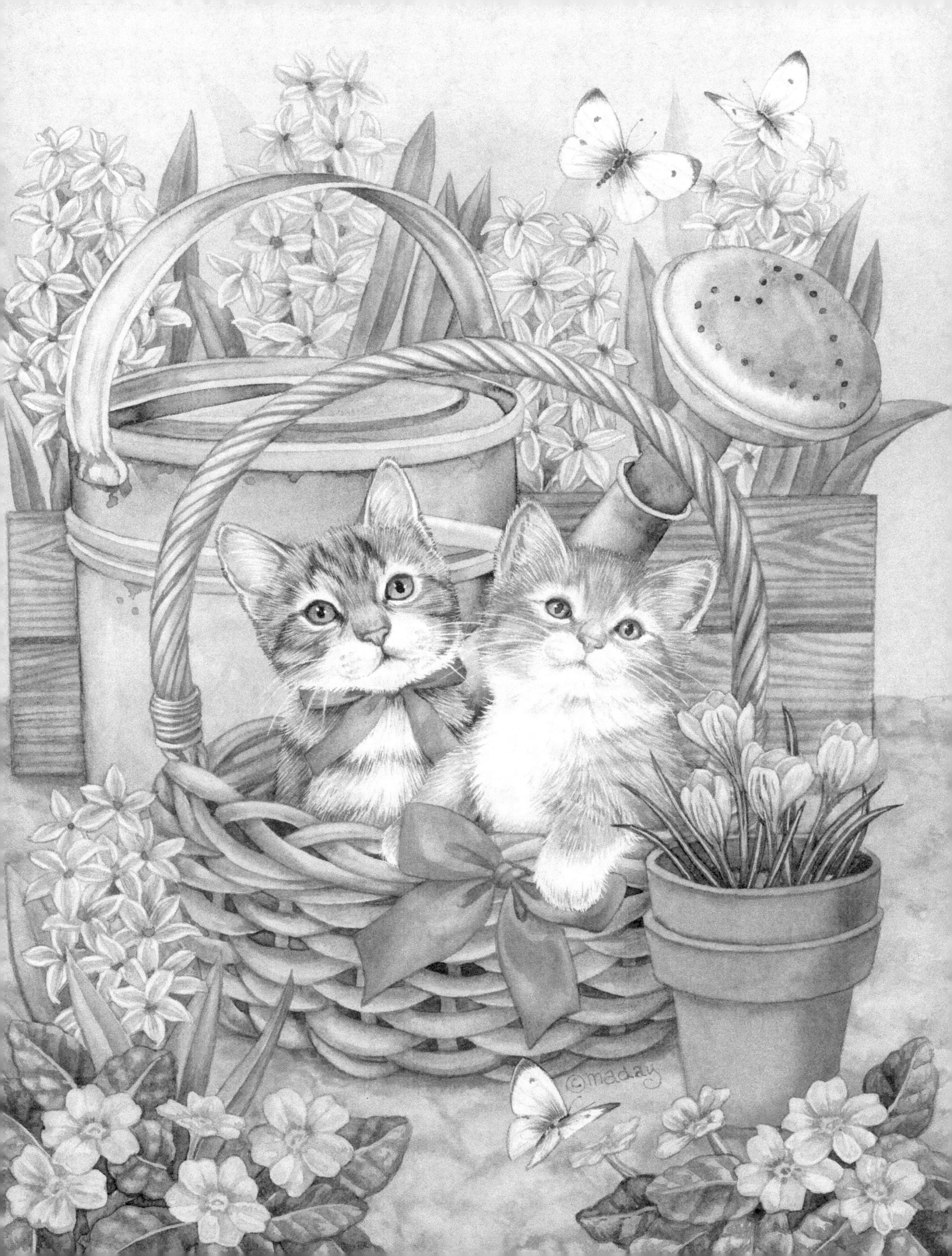

Color Sweet Animals

By Jane Maday

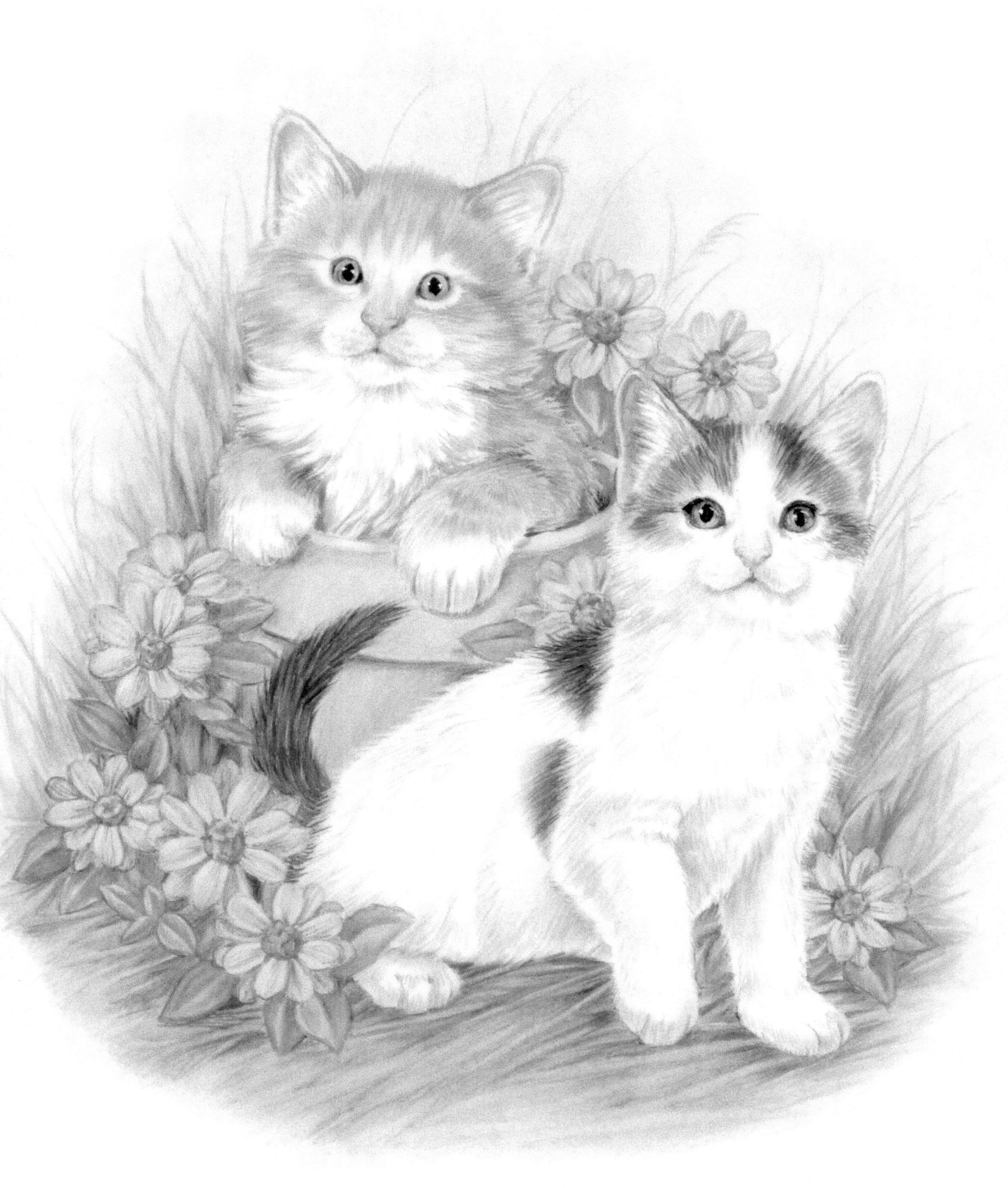

Color Sweet Animals

By Jane Maday

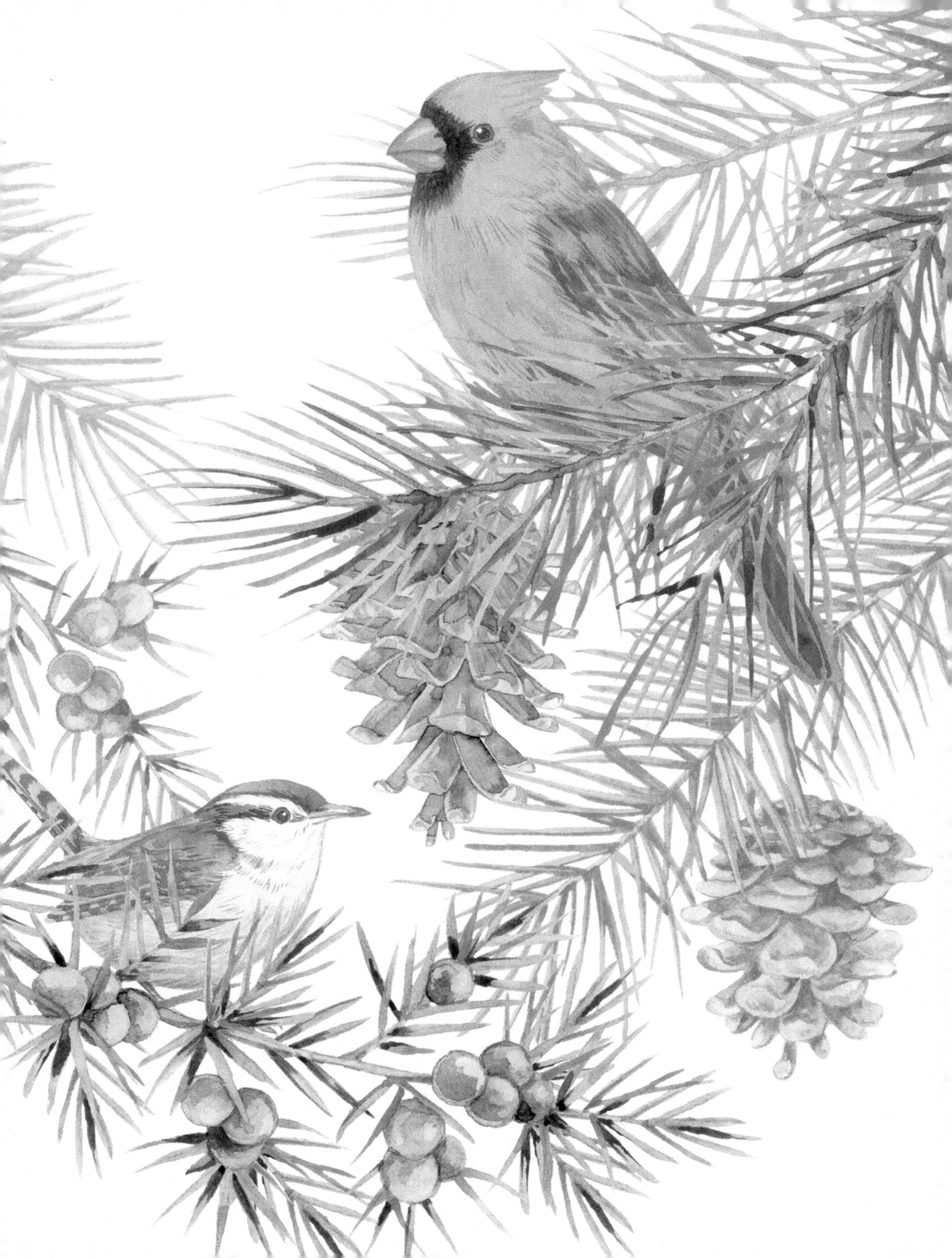

Color Sweet Animals

By Jane Maday

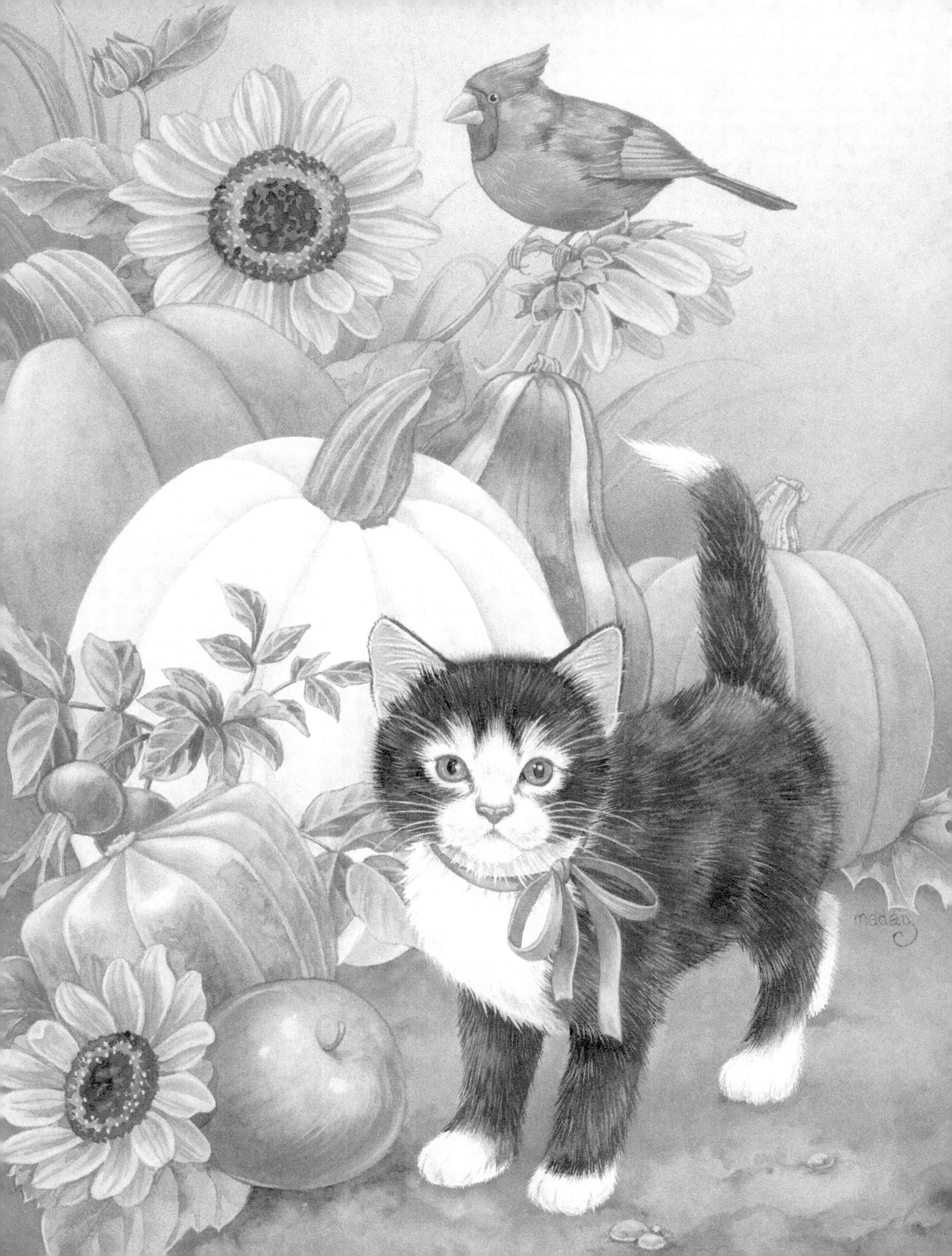

Color Sweet Animals

By Jane Maday

www.ingramcontent.com/pod-product-compliance
Lightning Source LLC
Chambersburg PA
CBHW062203220526
45470CB00009B/2902